华夏万卷
华夏万卷
让人人写好字

楷书

字加分

ZI JIA FEN

好+字+拿+高+分

·专项训练字帖·

依据《普通高中语文课程标准》编写

高中新课标
必背古诗文
72篇

周培纳 | 书
华夏万卷 | 编

班级：_____ 姓名：_____

上海交通大学出版社
SHANGHAI JIAO TONG UNIVERSITY PRESS

　　硬笔书法是线条的艺术。线条是书法中最基本的元素。线条是轮廓，是"外观"，是笔画的灵魂。日常书写时，若笔画线条僵硬呆板或歪歪扭扭，很大程度上是因为我们的手部肌肉紧张，对笔的控制力不足。针对不同的线条进行控笔训练，可以有效提高我们对笔的控制力。具体来说，就是通过练习手腕、手指的相互配合，使手部肌肉放松，最终达到心、眼、手三者合一的书写高度。

一、直线线条的控笔训练

横竖

斜线

折线

二、曲线线条的控笔训练

转笔

弧线

圆圈

三、组合线条的控笔训练

回字形

弓字形

目 录

横线格卷面书写指导

我们平时练字时,多在田字格中练习,田字格里有辅助线的帮助,有格子规范,空间大,比较好书写。但在实际的考试中,都是在横线上答题。如何在横线上把字写得工整漂亮,获取卷面高分呢? 下面我们以一道高考试题为例,给出答案的正确示范和错误示例,请同学们认真对比。

(山东高考)

李煜《虞美人》词中 "＿＿＿＿＿？＿＿＿＿＿" 两句,以江水比喻自己的愁绪,抒发亡国之君无尽的痛苦之情。

正确示范:字体工整,书写规范,字写在横线格中间。

问君能有几多愁／恰似一江春水向东流

错误示例一：字太密,看上去粘成一片,增加了老师阅卷的难度。

问君能有几多愁／恰似一江春水向东流

错误示例二：字太稀,字数较多的情况下易写出答题线外。

问君能有几多愁／恰似一江春水向东流

错误示例三：重心不一,字忽上忽下,卷面不整齐。

问君能有几多愁／恰似一江春水向东流

下面是几道高考试题,请同学们仿照正确书写示范,练习在横线上书写。

1.(2018 北京)陶渊明是很多古代诗人的偶像。《归园田居》(其一)写出了很多人的心声:"户庭无尘杂,虚室有余闲。＿＿＿＿＿,＿＿＿＿＿。"

久在樊笼里／复得返自然

2.(2018 江苏)故不积跬步,＿＿＿＿＿。(《荀子·劝学》)

无以至千里

3.(2018 新课标)苏轼《赤壁赋》中描写明月初升的句子是"＿＿＿＿＿,＿＿＿＿＿"。

月出于东山之上／徘徊于斗牛之间

文言文

●《论语》十二章●

子曰："人而不仁，如礼何？人而不仁，如乐何？"

（《八佾》）

子曰："朝闻道，夕死可矣。"

子曰："君子喻于义，小人喻于利。"

子曰："见贤思齐焉，见不贤而内自省也。"

（《里仁》）

子曰："质胜文则野，文胜质则史。文质彬彬，然后君子。"

（《雍也》）

曾子曰："士不可以不弘毅，任重而道远。仁以为己任，不亦重乎？死而后已，不亦远乎？"

（《泰伯》）

子曰："譬如为山，未成一篑，止，吾止也。譬如平地，虽覆一篑，进，吾往也。"

张许？快投笔，莫题柱。

扬州慢

〔南宋〕姜 夔

淮左名都，竹西佳处，解鞍少驻初程。过春风十里，尽荠麦青青。自胡马窥江去后，废池乔木，犹厌言兵。渐黄昏，清角吹寒，都在空城。 杜郎俊赏，算而今，重到须惊。纵豆蔻词工，青楼梦好，难赋深情。二十四桥仍在，波心荡，冷月无声。念桥边红药，年年知为谁生？

长亭送别

〔元〕王实甫

[正宫][端正好] 碧云天，黄花地，西风紧，北雁南飞。晓来谁染霜林醉？总是离人泪。

朝天子·咏喇叭

〔明〕王 磐

喇叭，唢呐，曲儿小腔儿大。官船来往乱如麻，全仗你抬身价。军听了军愁，民听了民怕。哪里去辨甚么真共假？眼见的吹翻了这家，吹伤了那家，只吹的水尽鹅飞罢！

知识拓展　《朝天子·咏喇叭》作于明武宗正德年间，诗人王磐家住运河边的高邮县，目睹宦官的种种恶行，写了这支《朝天子》，借咏喇叭揭露宦官的罪行。

子曰："知者不惑，仁者不忧，勇者不惧。"

（《子罕》）

子贡问曰："有一言而可以终身行之者乎？"子曰："其恕乎！己所不欲，勿施于人。"

（《卫灵公》）

子曰："小子何莫学夫《诗》？《诗》，可以兴，可以观，可以群，可以怨。迩之事父，远之事君。多识于鸟兽草木之名。"

（《阳货》）

子曰："君子食无求饱，居无求安，敏于事而慎于言，就有道而正焉，可谓好学也已。"

（《学而》）

子曰："克己复礼为仁。一日克己复礼，天下归仁焉。为仁由己，而由人乎哉？"

（《颜渊》）

知识拓展

　　《论语》是儒家经典著作之一，与《大学》《中庸》《孟子》并称"四书"。而"五经"是指《诗经》《尚书》《礼记》《周易》和《春秋》，简称为"诗、书、礼、易、春秋"。

菩萨蛮·书江西造口壁

〔南宋〕辛弃疾

郁孤台下清江水，中间多少行人泪。西北望长安，可怜无数山。

青山遮不住，毕竟东流去。江晚正愁余，山深闻鹧鸪。

青玉案·元夕

〔南宋〕辛弃疾

东风夜放花千树。更吹落，星如雨。宝马雕车香满路。凤箫声动，玉壶光转，一夜鱼龙舞。 蛾儿雪柳黄金缕，笑语盈盈暗香去。众里寻他千百度，蓦然回首，那人却在，灯火阑珊处。

贺新郎

〔南宋〕刘克庄

国脉微如缕。问长缨何时入手，缚将戎主？未必人间无好汉，谁与宽些尺度？试看取当年韩五。岂有谷城公付授，也不干曾遇骊山母。谈笑起，两河路。 少时棋柝曾联句。叹而今登楼揽镜，事机频误。闻说北风吹面急，边上冲梯屡舞。君莫道投鞭虚语，自古一贤能制难，有金汤便可无

劝学

《荀子》

君子曰：学不可以已。

青，取之于蓝，而青于蓝；冰，水为之，而寒于水。木直中绳，輮以为轮，其曲中规。虽有槁暴，不复挺者，輮使之然也。故木受绳则直，金就砺则利，君子博学而日参省乎己，则知明而行无过矣。

吾尝终日而思矣，不如须臾之所学也；吾尝跂而望矣，不如登高之博见也。登高而招，臂非加长也，而见者远；顺风而呼，声非加疾也，而闻者彰。假舆马者，非利足也，而致千里；假舟楫者，非能水也，而绝江河。君子生非异也，善假于物也。

积土成山，风雨兴焉；积水成渊，

念奴娇·过洞庭

〔南宋〕张孝祥

洞庭青草，近中秋，更无一点风色。玉鉴琼田三万顷，着我扁舟一叶。素月分辉，明河共影，表里俱澄澈。悠然心会，妙处难与君说。　　应念岭海经年，孤光自照，肝肺皆冰雪。短发萧骚襟袖冷，稳泛沧浪空阔。尽挹西江，细斟北斗，万象为宾客。扣舷独啸，不知今夕何夕！

永遇乐①·京口北固亭怀古

〔南宋〕辛弃疾

千古江山，英雄无觅，孙仲谋处。舞榭歌台②，风流总被，雨打风吹去。斜阳草树，寻常巷陌③，人道寄奴曾住。想当年，金戈铁马，气吞万里如虎。　　元嘉草草，封狼居胥，赢得仓皇北顾。四十三年，望中犹记，烽火扬州路。可堪回首，佛狸祠下，一片神鸦社鼓。凭谁问：廉颇老矣，尚能饭否？

字词注释

① 永遇乐：词牌名，又名"消息"。

② 舞榭歌台：演出歌舞的台榭，这里代指孙权故宫。榭，建在高台上的房子。

③ 寻常巷陌：极狭窄的街道。寻常，古代指长度，八尺为寻，倍寻为常，形容窄狭。引伸为普通、平常。巷、陌，这里都指街道。

蛟龙生焉，积善成德，而神明自得，圣
心备焉。故不积跬步，无以至千里，不
积小流，无以成江海。骐骥一跃，不能
十步；驽马十驾，功在不舍。锲而舍之，
朽木不折；锲而不舍，金石可镂。蚓无
爪牙之利，筋骨之强，上食埃土，下饮
黄泉，用心一也。蟹六跪而二螯，非蛇
鳝之穴无可寄托者，用心躁也。

屈原列传 (节选)

〔西汉〕司马迁

屈平疾王听之不聪也，谗谄之
蔽明也，邪曲之害公也，方正之不容
也，故忧愁幽思而作《离骚》。"离骚"者，犹
离忧也。夫天者，人之始也；父母者，人
之本也。人穷则反本，故劳苦倦极，未
尝不呼天也；疾痛惨怛，未尝不呼父
母也。屈平正道直行，竭忠尽智以事

声声慢

〔宋〕李清照

寻寻觅觅，冷冷清清，凄凄惨惨戚戚。乍暖还寒时候，最难将息。三杯两盏淡酒，怎敌他、晚来风急！雁过也，正伤心，却是旧时相识。　满地黄花堆积，憔悴损，如今有谁堪摘？守着窗儿，独自怎生得黑！梧桐更兼细雨，到黄昏、点点滴滴。这次第，怎一个愁字了得！

书愤

〔南宋〕陆游

早岁那知世事艰，中原北望气如山。

楼船夜雪瓜洲渡，铁马秋风大散关。

塞上长城空自许，镜中衰鬓已先斑。

出师一表真名世，千载谁堪伯仲间！

临安春雨初霁

〔南宋〕陆游

世味年来薄似纱，谁令骑马客京华？

小楼一夜听春雨，深巷明朝卖杏花。

矮纸斜行闲作草，晴窗细乳戏分茶。

素衣莫起风尘叹，犹及清明可到家。

相关知识　楼船夜雪瓜洲渡：宋高宗绍兴三十一年（1161年），金主完颜亮大举南侵，攻占瓜洲，宋将虞允文在瓜洲一带以战舰沿江据守，结果金兵发生内讧，完颜亮被杀，金兵溃败。

其君，谗人间之，可谓穷矣。信而见疑，
忠而被谤，能无怨乎？屈平之作《离骚》，
盖自怨生也。《国风》好色而不淫，《小雅》
怨诽而不乱。若《离骚》者，可谓兼之矣。
上称帝喾，下道齐桓，中述汤、武，以刺
世事。明道德之广崇，治乱之条贯，靡
不毕见。其文约，其辞微，其志洁，其行
廉。其称文小而其指极大，举类迩而
见义远。其志洁，故其称物芳。其行廉，
故死而不容自疏。濯淖污泥之中，蝉
蜕于浊秽，以浮游尘埃之外，不获世
之滋垢，皭然泥而不滓者也。推此志
也，虽与日月争光可也。

理解性默写

在《屈原列传》中，司马迁认为屈原创作《离骚》的背景除了楚怀王听信谗言、不能明辨是非以外，还有"＿＿＿＿＿＿＿，
＿＿＿＿＿＿＿"，一针见血地指出了当时朝廷小人当道、正直之人遭到排挤的黑暗现实。

邪曲之害公也　方正之不容也

了,雄姿英发。羽扇纶巾,谈笑间,樯橹灰飞烟灭。故国神游,多情应笑我,早生华发。人生如梦,一尊还酹江月。

登快阁

〔北宋〕黄庭坚

痴儿了却公家事,快阁东西倚晚晴。

落木千山天远大,澄江一道月分明。

朱弦已为佳人绝,青眼聊因美酒横。

万里归船弄长笛,此心吾与白鸥盟。

鹊桥仙

〔北宋〕秦 观

纤云弄巧,飞星传恨,银汉迢迢暗度。金风玉露一相逢,便胜却人间无数。

柔情似水,佳期如梦,忍顾鹊桥归路!两情若是久长时,又岂在朝朝暮暮。

苏幕遮

〔北宋〕周邦彦

燎沉香,消溽暑。鸟雀呼晴,侵晓窥檐语。叶上初阳干宿雨,水面清圆,一一风荷举。 故乡遥,何日去?家住吴门,久作长安旅。五月渔郎相忆否?小楫轻舟,梦入芙蓉浦。

谏太宗十思疏 (节选)

〔唐〕魏 征

臣闻求木之长者,必固其根本;
欲流之远者,必浚其泉源;思国之安
者,必积其德义。源不深而望流之远,
根不固而求木之长,德不厚而思国
之理,臣虽下愚,知其不可,而况于明
哲乎!人君当神器之重,居域中之大,
将崇极天之峻,永保无疆之休。不念
居安思危,戒奢以俭,德不处其厚,情
不胜其欲,斯亦伐根以求木茂,塞源
而欲流长者也。

凡百元首,承天景命,莫不殷忧
而道著,功成而德衰。有善始者实繁,
能克终者盖寡。岂取之易而守之难
乎?昔取之而有余,今守之而不足,何
也?夫在殷忧,必竭诚以待下;既得志,

❀ 桂枝香·金陵怀古 ❀

〔北宋〕王安石

登临送目，正故国晚秋，天气初肃。千里澄江似练，翠峰如簇。归帆去棹残阳里，背西风，酒旗斜矗。彩舟云淡，星河鹭起，画图难足。　念往昔，繁华竞逐，叹门外楼头，悲恨相续。千古凭高对此，谩嗟荣辱。六朝旧事随流水，但寒烟衰草凝绿。至今商女，时时犹唱，后庭遗曲。

❀ 江城子·乙卯正月二十日夜记梦 ❀

〔北宋〕苏 轼

十年生死两茫茫。不思量，自难忘。千里孤坟，无处话凄凉。纵使相逢应不识，尘满面，鬓如霜。　夜来幽梦忽还乡。小轩窗，正梳妆。相顾无言，惟有泪千行。料得年年肠断处，明月夜，短松冈。

❀ 念奴娇·赤壁怀古 ❀

〔北宋〕苏 轼

大江东去，浪淘尽，千古风流人物。故垒西边，人道是，三国周郎赤壁。乱石穿空，惊涛拍岸，卷起千堆雪。江山如画，一时多少豪杰。　遥想公瑾当年，小乔初嫁则纵情以傲物。竭诚则吴越为一体,傲物则骨肉为行路。

● 师 说 ●

〔唐〕韩 愈

古之学者必有师。师者,所以传道受业解惑也。人非生而知之者,孰能无惑?惑而不从师,其为惑也,终不解矣。生乎吾前,其闻道也固先乎吾,吾从而师之;生乎吾后,其闻道也亦先乎吾,吾从而师之。吾师道也,夫庸知其年之先后生于吾乎?是故无贵无贱,无长无少,道之所存,师之所存也。

嗟乎!师道之不传也久矣!欲人之无惑也难矣!古之圣人,其出人也远矣,犹且从师而问焉;今之众人,其下圣人也亦远矣,而耻学于师。是故

锦 瑟

〔唐〕李商隐

锦瑟无端五十弦，一弦一柱思华年。

庄生晓梦迷蝴蝶，望帝春心托杜鹃。

沧海月明珠有泪，蓝田日暖玉生烟。

此情可待成追忆，只是当时已惘然。

虞美人

〔南唐〕李　煜

春花秋月何时了，往事知多少。小楼昨夜又东风，故国不堪回首月明中。

雕栏玉砌应犹在，只是朱颜改。问君能有几多愁，恰似一江春水向东流。

望海潮

〔北宋〕柳　永

东南形胜，三吴都会，钱塘自古繁华。烟柳画桥，风帘翠幕，参差十万人家。云树绕堤沙，怒涛卷霜雪，天堑无涯。市列珠玑，户盈罗绮，竞豪奢。　重湖叠巘清嘉，有三秋桂子，十里荷花。羌管弄晴，菱歌泛夜，嬉嬉钓叟莲娃。千骑拥高牙，乘醉听箫鼓，吟赏烟霞。异日图将好景，归去凤池夸。

圣益圣,愚益愚。圣人之所以为圣,愚
人之所以为愚,其皆出于此乎?爱其
子,择师而教之;于其身也,则耻师焉,
惑矣。彼童子之师,授之书而习其句
读者,非吾所谓传其道解其惑者也。
句读之不知,惑之不解,或师焉,或不
焉,小学而大遗,吾未见其明也。巫医
乐师百工之人,不耻相师。士大夫之
族,曰师曰弟子云者,则群聚而笑之。
问之,则曰"彼与彼年相若也,道相似
也,位卑则足羞,官盛则近谀"呜呼!师
道之不复可知矣。巫医乐师百工之
人,君子不齿,今其智乃反不能及,其
可怪也欤!

　　圣人无常师。孔子师郯子、苌弘、
师襄、老聃。郯子之徒,其贤不及孔子。

间关莺语花底滑，幽咽泉流冰下难。冰泉冷涩弦凝绝，凝绝不通声暂歇。别有幽愁暗恨生，此时无声胜有声。银瓶乍破水浆迸，铁骑突出刀枪鸣。曲终收拨当心画，四弦一声如裂帛。东船西舫悄无言，唯见江心秋月白。

◉ 李凭箜篌引 ◉

〔唐〕李　贺

吴丝蜀桐张高秋，空山凝云颓不流。

江娥啼竹素女愁，李凭中国弹箜篌。

昆山玉碎凤凰叫，芙蓉泣露香兰笑。

十二门前融冷光，二十三丝动紫皇。

女娲炼石补天处，石破天惊逗秋雨。

梦入神山教神妪，老鱼跳波瘦蛟舞。

吴质不眠倚桂树，露脚斜飞湿寒兔。

◉ 菩萨蛮 ◉

〔唐〕温庭筠

小山重叠金明灭，鬓云欲度香腮雪。

懒起画蛾眉，弄妆梳洗迟。照花前后镜，花面交相映。新贴绣罗襦，双双金鹧鸪。

◉ 知识拓展 白居易在文学上主张"文章合为时而著，歌诗合为事而作"，强调和继承了我国古典诗歌的现实主义优良传统，反对"嘲风月，弄花草"而别无寄托的作品。

孔子曰：三人行，则必有我师。是故弟子不必不如师，师不必贤于弟子，闻道有先后，术业有专攻，如是而已。

李氏子蟠，年十七，好古文，六艺经传皆通习之，不拘于时，学于余。余嘉其能行古道，作《师说》以贻之。

◉ 阿房宫赋（节选）◉

〔唐〕杜 牧

嗟乎！一人之心，千万人之心也。秦爱纷奢，人亦念其家。奈何取之尽锱铢，用之如泥沙？使负栋之柱，多于南亩之农夫；架梁之椽，多于机上之工女；钉头磷磷，多于在庾之粟粒；瓦缝参差，多于周身之帛缕；直栏横槛，多于九土之城郭；管弦呕哑，多于市人之言语。使天下之人，不敢言而敢怒。独夫之心，日益骄固。戍卒叫，函谷

登 高

〔唐〕杜 甫

风急天高猿啸哀,渚清沙白鸟飞回。

无边落木萧萧下,不尽长江滚滚来。

万里悲秋常作客,百年多病独登台。

艰难苦恨繁霜鬓,潦倒新停浊酒杯。

登岳阳楼

〔唐〕杜 甫

昔闻洞庭水,今上岳阳楼。吴楚东南坼,乾坤日夜浮。亲朋无一字,老病有孤舟。戎马关山北,凭轩涕泗流。

琵琶行（节选）

〔唐〕白居易

忽闻水上琵琶声,主人忘归客不发。寻声暗问弹者谁,琵琶声停欲语迟。移船相近邀相见,添酒回灯重开宴。千呼万唤始出来,犹抱琵琶半遮面。转轴拨弦三两声,未成曲调先有情。弦弦掩抑声声思,似诉平生不得志。低眉信手续续弹,说尽心中无限事。轻拢慢捻抹复挑,初为《霓裳》后《六幺》。大弦嘈嘈如急雨,小弦切切如私语。嘈嘈切切错杂弹,大珠小珠落玉盘。

举楚人一炬,可怜焦土!

　　呜呼,灭六国者六国也,非秦也;族秦者秦也,非天下也。嗟乎!使六国各爱其人,则足以拒秦;使秦复爱六国之人,则递三世可至万世而为君,谁得而族灭也?秦人不暇自哀,而后人哀之;后人哀之而不鉴之,亦使后人而复哀后人也。

六国论（节选）

[北宋]苏　洵

六国破灭,非兵不利,战不善,弊在赂秦。赂秦而力亏,破灭之道也。或曰:六国互丧,率赂秦耶?曰:不赂者以赂者丧。盖失强援,不能独完。故曰:弊在赂秦也。

　　秦以攻取之外,小则获邑,大则得城。较秦之所得,与战胜而得者,其

❀ 燕歌行 ❀

〔唐〕高 适

汉家烟尘在东北，汉将辞家破残贼。

男儿本自重横行，天子非常赐颜色。

枞金伐鼓下榆关，旌旆逶迤碣石间。

校尉羽书飞瀚海，单于猎火照狼山。

山川萧条极边土，胡骑凭陵杂风雨。

战士军前半死生，美人帐下犹歌舞。

大漠穷秋塞草腓，孤城落日斗兵稀。

身当恩遇常轻敌，力尽关山未解围。

❀ 蜀 相 ❀

〔唐〕杜 甫

丞相祠堂何处寻？锦官城外柏森森。

映阶碧草自春色，隔叶黄鹂空好音。

三顾频烦天下计，两朝开济老臣心。

出师未捷身先死，长使英雄泪满襟。

❀ 客 至 ❀

〔唐〕杜 甫

舍南舍北皆春水，但见群鸥日日来。

花径不曾缘客扫，蓬门今始为君开。

盘飧市远无兼味，樽酒家贫只旧醅。

肯与邻翁相对饮，隔篱呼取尽馀杯。

实百倍，诸侯之所亡，与战败而亡者，其实亦百倍。则秦之所大欲，诸侯之所大患，固不在战矣。思厥先祖父，暴霜露，斩荆棘，以有尺寸之地。子孙视之不甚惜，举以予人，如弃草芥。今日割五城，明日割十城，然后得一夕安寝。起视四境，而秦兵又至矣。然则诸侯之地有限，暴秦之欲无厌，奉之弥繁，侵之愈急。故不战而强弱胜负已判矣。至于颠覆，理固宜然。古人云"以地事秦，犹抱薪救火，薪不尽，火不灭"。此言得之。

答司马谏议书（节选）

〔北宋〕王安石

人习于苟且非一日，士大夫多以不恤国事、同俗自媚于众为善。上乃欲变此，而某不量敌之众寡，欲出澹兮生烟。列缺霹雳，丘峦崩摧。洞天石扉，訇然中开。青冥浩荡不见底，日月照耀金银台。霓为衣兮风为马，云之君兮纷纷而来下。虎鼓瑟兮鸾回车，仙之人兮列如麻。忽魂悸以魄动，恍惊起而长嗟。惟觉时之枕席，失向来之烟霞。

将进酒

〔唐〕李 白

君不见黄河之水天上来，奔流到海不复回。君不见高堂明镜悲白发，朝如青丝暮成雪。人生得意须尽欢，莫使金樽空对月。天生我材必有用，千金散尽还复来。烹羊宰牛且为乐，会须一饮三百杯。

岑夫子，丹丘生，将进酒，杯莫停。与君歌一曲，请君为我倾耳听。钟鼓馔玉不足贵，但愿长醉不愿醒。古来圣贤皆寂寞，惟有饮者留其名。陈王昔时宴平乐，斗酒十千恣欢谑。主人何为言少钱，径须沽取对君酌。五花马、千金裘，呼儿将出换美酒，与尔同销万古愁。

力助上以抗之，则众何为而不汹汹

然？盘庚之迁，胥怨者民也，非特朝廷

士大夫而已。盘庚不为怨者故改其

度，度义而后动，是而不见可悔故也。

如君实责我以在位久，未能助上大

有为，以膏泽斯民，则某知罪矣；如曰

今日当一切不事事，守前所为而已，

则非某之所敢知。

赤壁赋（节选）

〔北宋〕苏 轼

　　壬戌之秋，七月既望①，苏子与客

泛舟游于赤壁之下。清风徐来，水波

不兴。举酒属客，诵明月之诗，歌窈窕

之章。少焉，月出于东山之上，徘徊于

斗牛之间。白露横江，水光接天。纵一

苇之所如，凌万顷之茫然。浩浩乎如

冯虚御风②，而不知其所止；飘飘乎如

青天！蚕丛及鱼凫，开国何茫然！尔来四万八千岁，不与秦塞通人烟。西当太白有鸟道，可以横绝峨眉巅。地崩山摧壮士死，然后天梯石栈相钩连。上有六龙回日之高标，下有冲波逆折之回川。黄鹤之飞尚不得过，猿猱欲度愁攀援。青泥何盘盘，百步九折萦岩峦。扪参历井仰胁息，以手抚膺坐长叹。

● 梦游天姥吟留别 （节选）●

〔唐〕李　白

海客谈瀛洲，烟涛微茫信难求；越人语天姥，云霞明灭或可睹。天姥连天向天横，势拔五岳掩赤城。天台四万八千丈，对此欲倒东南倾。

我欲因之梦吴越，一夜飞度镜湖月。湖月照我影，送我至剡溪。谢公宿处今尚在，渌水荡漾清猿啼。脚著谢公屐，身登青云梯。半壁见海日，空中闻天鸡。千岩万转路不定，迷花倚石忽已暝。熊咆龙吟殷岩泉，栗深林兮惊层巅。云青青兮欲雨，水澹遗世独立,羽化而登仙。

　　于是饮酒乐甚,扣舷而歌之。歌曰:"桂棹兮兰桨,击空明兮溯流光。渺渺兮予怀,望美人兮天一方。"客有吹洞箫者,倚歌而和之。其声呜呜然,如怨如慕,如泣如诉,余音袅袅,不绝如缕。舞幽壑之潜蛟,泣孤舟之嫠妇。

　　苏子愀然,正襟危坐而问客曰:"何为其然也?"客曰:"月明星稀,乌鹊南飞,此非曹孟德之诗乎?西望夏口,东望武昌,山川相缪,郁乎苍苍,此非孟德之困于周郎者乎?方其破荆州,下江陵,顺流而东也,舳舻千里,旌旗蔽空,酾酒临江,横槊赋诗,固一世之雄也,而今安在哉?况吾与子渔樵于江渚之上,侣鱼虾而友麋鹿,驾一叶之江畔何人初见月？江月何年初照人？

人生代代无穷已，江月年年只相似。

不知江月待何人，但见长江送流水。

白云一片去悠悠，青枫浦上不胜愁。

谁家今夜扁舟子？何处相思明月楼？

可怜楼上月裴回，应照离人妆镜台。

玉户帘中卷不去，捣衣砧上拂还来。

此时相望不相闻，愿逐月华流照君。

鸿雁长飞光不度，鱼龙潜跃水成文。

昨夜闲潭梦落花，可怜春半不还家。

江水流春去欲尽，江潭落月复西斜。

斜月沉沉藏海雾，碣石潇湘无限路。

不知乘月几人归，落月摇情满江树。

山居秋暝

〔唐〕王 维

空山新雨后，天气晚来秋。明月松间照，清泉石上流。竹喧归浣女，莲动下渔舟。随意春芳歇，王孙自可留。

蜀道难（节选）

〔唐〕李 白

噫吁嚱，危乎高哉！蜀道之难，难于上

扁舟,举匏樽以相属。寄蜉蝣于天地,

渺沧海之一粟。哀吾生之须臾,羡长

江之无穷。挟飞仙以遨游,抱明月而

长终。知不可乎骤得,托遗响于悲风。"

　　苏子曰:"客亦知夫水与月乎?逝

者如斯,而未尝往也;盈虚者如彼,而

卒莫消长也。盖将自其变者而观之,

则天地曾不能以一瞬;自其不变者

而观之,则物与我皆无尽也。而又何

羡乎!且夫天地之间,物各有主,苟非

吾之所有,虽一毫而莫取。惟江上之

清风,与山间之明月,耳得之而为声,

目遇之而成色,取之无禁,用之不竭,

是造物者之无尽藏也,而吾与子之

所共适"。

字词注释

① 既望:过了望日后的第一天,通常指农历每月十六日。
② 冯虚御空:凌空驾风而行。冯,同"凭",乘。

归园田居 (其一)

〔东晋〕陶渊明

少无适俗韵,性本爱丘山。误落尘网中,一去三十年。羁鸟恋旧林,池鱼思故渊。开荒南野际,守拙归园田。方宅十余亩,草屋八九间。榆柳荫后檐,桃李罗堂前。暧暧远人村,依依墟里烟。狗吠深巷中,鸡鸣桑树颠。户庭无尘杂,虚室有余闲。久在樊笼里,复得返自然。

拟行路难 (其四)

〔南朝宋〕鲍 照

泻水置平地,各自东西南北流。

人生亦有命,安能行叹复坐愁?

酌酒以自宽,举杯断绝歌路难。

心非木石岂无感?吞声踯躅不敢言。

春江花月夜

〔唐〕张若虚

春江潮水连海平,海上明月共潮生。

滟滟随波千万里,何处春江无月明。

江流宛转绕芳甸,月照花林皆似霰。

空里流霜不觉飞,汀上白沙看不见。

江天一色无纤尘,皎皎空中孤月轮。

项脊轩志 （节选）

〔明〕归有光

然余居于此，多可喜，亦多可悲。

先是庭中通南北为一。迨诸父异爨，

内外多置小门墙，往往而是。东犬西

吠，客逾庖而宴，鸡栖于厅。庭中始为

篱，已为墙，凡再变矣。家有老妪，尝居

于此。妪，先大母婢也，乳二世，先妣抚

之甚厚。室西连于中闺，先妣尝一至。

妪每谓余曰："某所，而母立于兹。"妪又

曰："汝姊在吾怀，呱呱而泣，娘以指叩

门扉曰：'儿寒乎？欲食乎？'吾从板外相

为应答。"语未毕，余泣，妪亦泣。余自束

发读书轩中，一日，大母过余曰："吾儿，

久不见若影，何竟日默默在此，大类

女郎也？"比去，以手阖门，自语曰："吾家

读书久不效，儿之成，则可待乎！"顷之，

与秋其代序。惟草木之零落兮,恐美人之迟暮。不抚壮而弃秽兮,何不改此度?乘骐骥以驰骋兮,来吾道夫先路!

❀ 涉江采芙蓉 ❀

《古诗十九首》

涉江采芙蓉,兰泽多芳草。采之欲遗谁?所思在远道。还顾望旧乡,长路漫浩浩。同心而离居,忧伤以终老。

❀ 短歌行 ❀

〔东汉〕曹 操

对酒当歌,人生几何①!譬如朝露,去日苦多。慨当以慷,忧思难忘。何以解忧?唯有杜康②。青青子衿,悠悠我心。但为君故,沉吟至今。呦呦鹿鸣,食野之苹。我有嘉宾,鼓瑟吹笙。明明如月,何时可掇?忧从中来,不可断绝。越陌度阡③,枉用相存。契阔谈讌,心念旧恩。月明星稀,乌鹊南飞。绕树三匝,何枝可依?山不厌高,海不厌深。周公吐哺,天下归心。

字词注释

① 几何:多少。
② 杜康:相传是最早造酒的人。这里代指酒。
③ 越陌度阡:穿过纵横交错的小路。陌,东西向的田间小路。阡,南北向的田间小路。

持一象笏至,曰:"此吾祖太常公宣德
间执此以朝,他日汝当用之"瞻顾遗
迹,如在昨日,令人长号不自禁。

子路、曾皙、冉有、公西华侍坐（节选）
《论语》

子路、曾皙、冉有、公西华侍坐。

子曰:"以吾一日长乎尔,毋吾以
也。居则曰:'不吾知也!'如或知尔,则何
以哉?"

子路率尔而对曰:"千乘之国,摄
乎大国之间,加之以师旅,因之以饥
馑,由也为之,比及三年,可使有勇,且
知方也。"

夫子哂之。

"求!尔何如?"

对曰:"方六七十,如五六十,求也
为之,比及三年,可使足民。如其礼乐,

诗词曲

静 女

《诗经·邶风》

静女其姝,俟我于城隅。爱而不见,搔首踟蹰。静女其娈,贻我彤管。彤管有炜,说怿女美。自牧归荑,洵美且异。匪女之为美,美人之贻。

无 衣

《诗经·秦风》

岂曰无衣?与子同袍。王于兴师,修我戈矛,与子同仇。

岂曰无衣?与子同泽。王于兴师,修我矛戟,与子偕作。

岂曰无衣?与子同裳。王于兴师,修我甲兵,与子偕行。

离 骚 (节选)

〔战国〕屈 原

纷吾既有此内美兮,又重之以修能。扈江离与辟芷兮,纫秋兰以为佩。汨余若将不及兮,恐年岁之不吾与。朝搴阰之木兰兮,夕揽洲之宿莽。日月忽其不淹兮,春以俟君子。

"赤，尔何如？"

对曰："非曰能之，愿学焉。宗庙之事，如会同，端章甫，愿为小相焉。"

"点，尔何如？"

鼓瑟希，铿尔，舍瑟而作，对曰："异乎三子者之撰。"

子曰："何伤乎？亦各言其志也。"

曰："莫春者，春服既成，冠者五六人，童子六七人，浴乎沂，风乎舞雩，咏而归。"

夫子喟然叹曰："吾与点也！"

报任安书（节选）

〔西汉〕司马迁

古者富贵而名摩灭，不可胜记，唯倜傥非常之人称焉。盖文王拘而演《周易》，仲尼厄而作《春秋》，屈原放逐

　　江馆清秋，晨起看竹，烟光日影露气，皆浮动于疏枝密叶之间。胸中勃勃遂有画意。其实胸中之竹，并不是眼中之竹也。因而磨墨展纸，落笔倏作变相，手中之竹又不是胸中之竹也。总之，意在笔先者，定则也；趣在法外者，化机也。独画云乎哉！ (郑燮《题画》)

　　词以境界为最上。有境界则自成高格，自有名句。

　　境非独谓景物也，喜怒哀乐亦人心中之一境界。故能写真景物真感情者，谓之有境界；否则谓之无境界。

　　古今之成大事业、大学问者，必经过三种之境界："昨夜西风凋碧树。独上高楼，望尽天涯路"，此第一境也。"衣带渐宽终不悔，为伊消得人憔悴"，此第二境也。"众里寻他千百度。回头蓦见，那人正在、灯火阑珊处"，此第三境也。此等语皆非大词人不能道。然遽以此意解释诸词，恐晏、欧诸公所不许也。

(王国维《人间词话》)

乃赋《离骚》左丘失明厥有《国语》孙子
膑脚《兵法》修列不韦迁蜀世传《吕览》
韩非囚秦《说难》《孤愤》《诗》三百篇大底
圣贤发愤之所为作也此人皆意有
所郁结不得通其道故述往事思来
者乃如左丘无目孙子断足终不可
用退而论书策以舒其愤思垂空文
以自见

仆窃不逊近自托于无能之辞
网罗天下放失旧闻略考其行事综
其终始稽其成败兴坏之纪上计轩
辕下至于兹为十表本纪十二书八
章世家三十列传七十凡百三十篇
亦欲以究天人之际通古今之变成
一家之言草创未就会遭此祸惜其
不成是以就极刑而无愠色

之；嗟叹之不足，故永歌之；永歌之不足，不知手之舞之，足之蹈之也。

（《毛诗序》）

盖文章，经国之大业，不朽之盛事。年寿有时而尽，荣乐止乎其身。二者必至之常期，未若文章之无穷。是以古之作者，寄身于翰墨，见意于篇籍，不假良史之辞，不托飞驰之势，而声名自传于后。

（曹丕《典论·论文》）

若乃春风春鸟，秋月秋蝉，夏云暑雨，冬月祁寒，斯四候之感诸诗者也。嘉会寄诗以亲，离群托诗以怨。至于楚臣去境，汉妾辞宫，或骨横朔野，魂逐飞蓬；或负戈外戍，杀气雄边。塞客衣单，霜闺泪尽；或士有解佩出朝，一去忘反。女有扬蛾入宠，再盼倾国。凡斯种种，感荡心灵，非陈诗何以展其义？非长歌何以骋其情？故曰："诗可以群，可以怨。"

（锺嵘《诗品序》）

感人心者，莫先乎情，莫始乎言，莫切乎声，莫深乎义。诗者：根情，苗言，华声，实义。

（白居易《与元九书》）

过秦论（节选）

〔西汉〕贾　谊

且夫天下非小弱也，雍州之地，崤函之固，自若也。陈涉之位，非尊于齐、楚、燕、赵、韩、魏、宋、卫、中山之君也；锄櫌棘矜，非铦于钩戟长铩也；谪戍之众，非抗于九国之师也；深谋远虑，行军用兵之道，非及向时之士也。然而成败异变，功业相反，何也？试使山东之国与陈涉度长絜大，比权量力，则不可同年而语矣。然秦以区区之地，致万乘之势，序八州而朝同列，百有余年矣；然后以六合为家，崤函为宫；一夫作难而七庙隳，身死人手，为天下笑者，何也？仁义不施而攻守之势异也。

事，吾所不取。

吾闻竹工云："竹之为瓦，仅十稔，若重覆之，得二十稔。"噫！吾以至道乙未岁，自翰林出滁上；丙申，移广陵；丁酉，又入西掖；戊戌岁除日，有齐安之命；己亥闰三月，到郡。

上枢密韩太尉书（节选）

〔北宋〕苏　辙

太尉执事：辙生好为文，思之至深。以为文者气之所形，然文不可以学而能，气可以养而致。孟子曰："我善养吾浩然之气。"今观其文章，宽厚宏博，充乎天地之间，称其气之小大。太史公行天下，周览四海名山大川，与燕、赵间豪俊交游，故其文疏荡，颇有奇气。此二子者，岂尝执笔学为如此之文哉？其气充乎其中而溢乎其貌，动乎其言而见乎其文，而不自知也。

古代文论选段

诗者，志之所之也。在心为志，发言为诗。情动于中而形于言，言之不足，故嗟叹

礼 运（节选）

《礼记》

大道之行也，天下为公。选贤与能，讲信修睦。故人不独亲其亲，不独子其子，使老有所终，壮有所用，幼有所长，矜寡孤独废疾者皆有所养，男有分，女有归。货恶其弃于地也，不必藏于己；力恶其不出于身也，不必为己。是故谋闭而不兴，盗窃乱贼而不作，故外户而不闭，是谓大同。

陈情表（节选）

〔西晋〕李 密

伏惟圣朝以孝治天下，凡在故老，犹蒙矜育，况臣孤苦，特为尤甚。且臣少仕伪朝，历职郎署，本图宦达，不矜名节。今臣亡国贱俘，至微至陋，过蒙拔擢，宠命优渥，岂敢盘桓，有所希冀。但以刘日薄西山，气息奄奄，人命弥津，青雀黄龙之舳。云销雨霁，彩彻区明。落霞与孤鹜齐飞，秋水共长天一色。渔舟唱晚，响穷彭蠡之滨；雁阵惊寒，声断衡阳之浦。

黄冈竹楼记（节选）

〔北宋〕王禹偁

子城西北隅，雉堞圮毁，蓁莽荒秽，因作小楼二间，与月波楼通。远吞山光，平挹江濑，幽阒辽夐，不可具状。夏宜急雨，有瀑布声；冬宜密雪，有碎玉声。宜鼓琴，琴调和畅；宜咏诗，诗韵清绝；宜围棋，子声丁丁然；宜投壶，矢声铮铮然。皆竹楼之所助也。

公退之暇，被鹤氅衣，戴华阳巾，手执《周易》一卷，焚香默坐，消遣世虑。江山之外，第见风帆沙鸟，烟云竹树而已。待其酒力醒，茶烟歇，送夕阳，迎素月，亦谪居之胜概也。

彼齐云、落星，高则高矣；井幹、丽谯，华则华矣。止于贮妓女，藏歌舞，非骚人之

危浅,朝不虑夕。臣无祖母,无以至今日;祖母无臣,无以终余年。母、孙二人,更相为命,是以区区不能废远。

归去来兮辞

〔东晋〕陶渊明

归去来兮,田园将芜胡不归?既自以心为形役,奚惆怅而独悲?悟已往之不谏,知来者之可追。实迷途其未远,觉今是而昨非。舟遥遥以轻飏,风飘飘而吹衣。问征夫以前路,恨晨光之熹微。

乃瞻衡宇,载欣载奔。僮仆欢迎,稚子候门。三径就荒,松菊犹存。携幼入室,有酒盈樽。引壶觞以自酌,眄庭柯以怡颜。倚南窗以寄傲,审容膝之易安。园日涉以成趣,门虽设而常关。策扶老以流憩,时矫首而遐观。云无

兰亭集序 （节选）

〔东晋〕王羲之

永和九年，岁在癸丑，暮春之初，会于会稽山阴之兰亭，修禊事也。群贤毕至，少长咸集。此地有崇山峻岭，茂林修竹，又有清流激湍，映带左右，引以为流觞曲水，列坐其次。虽无丝竹管弦之盛，一觞一咏，亦足以畅叙幽情。

是日也，天朗气清，惠风和畅。仰观宇宙之大，俯察品类之盛，所以游目骋怀，足以极视听之娱，信可乐也。

滕王阁序 （节选）

〔唐〕王 勃

时维九月，序属三秋。潦水尽而寒潭清，烟光凝而暮山紫。俨骖騑于上路，访风景于崇阿；临帝子之长洲，得天人之旧馆。层峦耸翠，上出重霄；飞阁流丹，下临无地。鹤汀凫渚，穷岛屿之萦回；桂殿兰宫，即冈峦之体势。

披绣闼，俯雕甍，山原旷其盈视，川泽纡其骇瞩。闾阎扑地，钟鸣鼎食之家；舸舰

心以出岫,鸟倦飞而知还。景翳翳以

将入,抚孤松而盘桓。

归去来兮,请息交以绝游。世与

我而相违,复驾言兮焉求?悦亲戚之

情话,乐琴书以消忧。农人告余以春

及,将有事于西畴。或命巾车,或棹孤

舟。既窈窕以寻壑,亦崎岖而经丘。木

欣欣以向荣,泉涓涓而始流。善万物

之得时,感吾生之行休。

已矣乎!寓形宇内复几时?曷不

委心任去留?胡为乎遑遑欲何之?富

贵非吾愿,帝乡不可期。怀良辰以孤

往,或植杖而耘耔。登东皋以舒啸,临

清流而赋诗。聊乘化以归尽,乐夫天

命复奚疑!

⬤ **通假字**
1. 乃瞻衡宇:衡,通"横",横木。
2. 景翳翳以将入:景,通"影",日光。
3. 曷不委心任去留:曷,通"何",为什么。
4. 胡不归:胡,通"何",为什么。

将。冬，与越人水战，大败越人，裂地而封之。能不龟手一也，或以封，或不免于洴澼絖，则所用之异也。今子有五石之瓠，何不虑以为大樽而浮乎江湖，而忧其瓠落无所容？则夫子犹有蓬之心也夫！"

● 谏逐客书 (节选) ●

〔战国〕李 斯

臣闻地广者粟多，国大者人众，兵强则士勇。是以太山不让土壤，故能成其大；河海不择细流，故能就其深；王者不却众庶，故能明其德。是以地无四方，民无异国，四时充美，鬼神降福，此五帝三王之所以无敌也。今乃弃黔首以资敌国，却宾客以业诸侯，使天下之士退而不敢西向，裹足不入秦，此所谓"藉寇兵而赍盗粮"者也。

夫物不产于秦，可宝者多；士不产于秦，而愿忠者众。今逐客以资敌国，损民以益仇，内自虚而外树怨于诸侯，求国无危，不可得也。

种树郭橐驼传（节选）

〔唐〕柳宗元

问者曰："以子之道，移之官理，可
乎？"驼曰："我知种树而已，理非吾业也。
然吾居乡，见长人者好烦其令，若甚
怜焉，而卒以祸。旦暮吏来而呼曰：'官
命促尔耕，勖尔植，督尔获，早缫而绪，
早织而缕，字而幼孩，遂而鸡豚。'鸣鼓
而聚之，击木而召之。吾小人辍飧饔
以劳吏者，且不得暇，又何以蕃吾生
而安吾性耶？故病且怠。若是，则与吾
业者其亦有类乎？"

五代史伶官传序（节选）

〔北宋〕欧阳修

方其系燕父子以组，函梁君臣
之首，入于太庙，还矢先王，而告以成
功，其意气之盛，可谓壮哉！及仇雠已
灭，天下已定，一夫夜呼，乱者四应，仓

义袭而取之也。行有不慊于心,则馁矣。我故曰,告子未尝知义,以其外之也。必有事焉,而勿正,心勿忘,勿助长也。无若宋人然:宋人有闵其苗之不长而揠之者,芒芒然归,谓其人曰:'今日病矣!予助苗长矣!'其子趋而往视之,苗则槁矣。天下之不助苗长者寡矣。以为无益而舍之者,不耘苗者也;助之长者,揠苗者也——非徒无益,而又害之。"

◉ 逍遥游（节选）◉

《庄子》

惠子谓庄子曰:"魏王贻我大瓠之种,我树之成而实五石。以盛水浆,其坚不能自举也。剖之以为瓢,则瓠落无所容。非不呺然大也,吾为其无用而掊之。"庄子曰:"夫子固拙于用大矣。宋人有善为不龟手之药者,世世以洴澼絖为事。客闻之,请买其方百金。聚族而谋之曰:'我世世为洴澼絖,不过数金。今一朝而鬻技百金,请与之。'客得之,以说吴王。越有难,吴王使之

皇东出，未及见贼而士卒离散，君臣
相顾，不知所归，至于誓天断发，泣下
沾襟，何其衰也！岂得之难而失之易
欤？抑本其成败之迹，而皆自于人欤，
《书》曰："满招损，谦得益。"忧劳可以兴国，
逸豫可以亡身，自然之理也。

石钟山记（节选）

〔北宋〕苏 轼

《水经》云："彭蠡之口有石钟山焉。"
郦元以为下临深潭，微风鼓浪，水石
相搏，声如洪钟。是说也，人常疑之。今
以钟磬置水中，虽大风浪不能鸣也，
而况石乎！至唐李渤始访其遗踪，得
双石于潭上，扣而聆之，南声函胡，北
音清越，桴止响腾，余韵徐歇，自以为
得之矣。然是说也，余尤疑之。石之铿
然有声者，所在皆是也，而此独以钟

天子以至于庶人，壹是皆以修身为本。

中 庸 （节选）

《礼记》

喜怒哀乐之未发，谓之中；发而皆中节，谓之和。中也者，天下之大本也；和也者，天下之达道也。致中和，天地位焉，万物育焉。

博学之，审问之，慎思之，明辨之，笃行之。有弗学，学之弗能弗措也；有弗问，问之弗知弗措也；有弗思，思之弗得弗措也；有弗辨，辨之弗明弗措也；有弗行，行之弗笃弗措也。人一能之，己百之；人十能之，己千之。

《孟子》 一则 （节选）

（公孙丑问曰）："敢问夫子恶乎长？"

曰："我知言，我善养吾浩然之气。"

"敢问何谓浩然之气？"

曰："难言也。其为气也，至大至刚，以直养而无害，则塞于天地之间。其为气也，配义与道；无是，馁也。是集义所生者，非名，何哉？

事不目见耳闻，而臆断其有无，可乎？郦元之所见闻，殆与余同，而言之不详；士大夫终不肯以小舟夜泊绝壁之下，故莫能知；而渔工水师虽知而不能言。此世所以不传也。而陋者乃以斧斤考击而求之，自以为得其实。余是以记之，盖叹郦元之简，而笑李渤之陋也。

登泰山记（节选）

〔清〕姚 鼐

泰山正南面有三谷。中谷绕泰安城下，郦道元所谓环水①也。余始循以入，道少半②，越中岭③，复循西谷，遂至其巅。古时登山，循东谷入，道有天门。东谷者，古谓之天门溪水，余所不至也。今所经中岭及山巅崖限当道者，

季氏将伐颛臾 (节选)

《论语》

冉有曰:"今夫颛臾,固而近于费,今不取,后世必为子孙忧。"孔子曰:"求!君子疾夫舍曰欲之而必为之辞。丘也闻有国有家者,不患寡而患不均,不患贫而患不安。盖均无贫,和无寡,安无倾。夫如是,故远人不服,则修文德以来之。既来之,则安之。今由与求也,相夫子,远人不服,而不能来也;邦分崩离析,而不能守也;而谋动干戈于邦内。吾恐季孙之忧,不在颛臾,而在萧墙之内也。"

大学之道 (节选)

《礼记》

古之欲明明德于天下者,先治其国。欲治其国者,先齐其家。欲齐其家者,先修其身。欲修其身者,先正其心。欲正其心者,先诚其意。欲诚其意者,先致其知。致知在格物。物格而后知至,知至而后意诚,意诚而后心正,心正而后身修,身修而后家齐,家齐而后国治,国治而后天下平。自

世皆谓之天门云。道中迷雾冰滑，磴

几不可登。及既上，苍山负雪，明烛天

南。望晚日照城郭，汶水、徂徕如画，而

半山居雾若带然。

戊申晦，五鼓，与子颖坐日观亭，

待日出。大风扬积雪击面。亭东自足

下皆云漫。稍见云中白若樗蒱数十

立者，山也。极天云一线异色，须臾成

五采。日上，正赤如丹，下有红光动摇

承之，或曰，此东海④也。回视日观以西

峰，或得日或否，绛皓驳色，而皆若偻。

亭西有岱祠，又有碧霞元君祠。

皇帝行宫在碧霞元君祠东。是日观

道中石刻，自唐显庆以来；其远古刻

尽漫失。僻不当道者，皆不及往。

字词注释　① 环水：水名，又名"梳洗河"。　③ 中岭：山名，又名"中溪山"。
② 道少半：路不到一半。　④ 东海：泛指东面的海。

华｜夏｜万｜卷　26　让人人写好字

《老子》四章（节选）

三十辐，共一毂，当其无，有车之用。埏埴①以为器，当其无，有器之用。凿户牖②以为室，当其无，有室之用。故有之以为利，无之以为用。

（第十一章）

企者不立，跨者不行，自见者不明③，自是者不彰，自伐④者无功，自矜者不长。其在道也，曰余食赘行，物或恶之，故有道者不处。

（第二十四章）

知人者智，自知者明。胜人者有力，自胜者强。知足者富，强行者有志。不失其所者久，死而不亡者寿。

（第三十三章）

合抱之木，生于毫末；九层之台，起于累土；千里之行，始于足下。为者败之，执者失之。是以圣人无为，故无败；无执，故无失。民之从事，常于几成而败之。慎终如始，则无败事。

（第六十四章）

字词注释

① 埏埴：和泥（制作陶器）。埏，揉和。埴，黏土。
② 户牖：窗户。
③ 自见者不明：偏执己见的人不能明察。
④ 自伐：自我夸耀。

语文答题卡

书写示范

姓 名 _____

准考证号 □□□□□□□□□

贴条形码区

此栏考生禁填　缺考标记 □

第一部分　选择题

1	2	3	4	7	8	10	11	12	14	17	18	19
[A]	[A]	■	[A]	[A]	■	[A]	[A]	[A]	■	[A]	[A]	[A]
■	[B]	[B]	■	[B]	[B]	[B]	[B]	[B]	[B]	[B]	■	[B]
[C]	■	[C]	[C]	[C]	[C]	■	[C]	[C]	[C]	■	[C]	■
[D]	[D]	[D]	[D]	■	[D]	[D]	[D]	■	[D]	[D]	[D]	[D]
					[E]				■			

第二部分　主观题

一、现代文阅读（二）

5. (5分) ①裁缝作为辛苦的谋生行当，看起来与别的行当一样；②但是在做裁缝的过程中，有了难忘的经历，对生活有了新的体会，不由得对这一行当产生了特殊感情，感到它有独特的意义。

6. (6分) ①语言口语化、生活化，让人感觉亲切自然；②人物对话有地域特点，鲜活真实；③语言风格整体明快风趣，率真不做作。

请在各题目的答题区域内作答，超出答题区域的答案无效

一、现代文阅读（三）

9. (4分) ①依托藏品开展的科研活动能够产出丰富的科研成果；②博物馆可以整合一个地区的科研力量,培育科研团队。

二、古代诗文阅读（一）

13. (10分)

(1) 品行严肃正直,行为坚持遵守礼制法度,事奉过继家的亲族,恭敬谨慎过于常礼。

(2) 而谢曜喜爱褒贬人物,谢曜每每发表议论,弘微常说其他的事岔开话头。

15. (6分) 表现了诗人旷达的性格。苏轼兄弟情义深重,但诗人远在杭州,与在京城的苏辙已是天各一方。这次虽然是离别,诗人表示也不会作儿女之态,悲伤流泪。

▲600

▲700

▲800

▲900

▲1000

二、古代诗文阅读（三）

16.（5分）

(1) 水何澹澹　山岛竦峙

(2) 使秦复爱六国之人　则递三世可至万世而为君　谁得而族灭也

三、语言文字运用

20.（6分）

① 也可能对身体产生损害

② 血液中药物浓度会逐渐升高

③ 药物浓度并不是越高越好

四、写作（60分）

	回	忆	校	园											
	我	的	校	园	是	那	样	的	朴	实	。	它	孤	独	地	站	在	小	城
的	边	缘	,	没	有	华	丽	的	装	饰	,	但	鸟	歌	、	蝉	鸣	、	蝶	舞
却	展	现	出	真	正	的	和	谐	。

从宿舍到教室，一条古砖小路被几棵白杨树笼罩着。几十米的小道仿佛一条走不到尽头的长廊。偶尔几笔写意，把路边的枯藤永远地收藏。暮春时节，高大的绿杨抽出新枝发出嫩芽。每个

作文书写专练

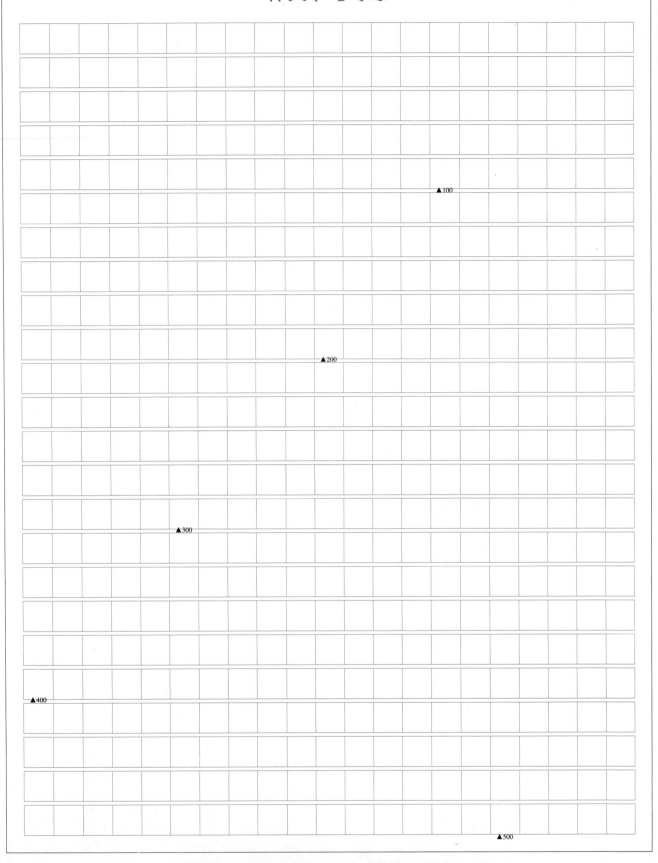

枝桠都是一个音符,流动在少年的心间。

　　树下漫步读书,给人一种不能言说的怡然。在那下面能忘掉一切,也能想起一切。和同学一起树下乘凉也更有一番意境,让人不由得想起了过往的点点滴滴。

　　曾经的指点江山被时光冲淡,但场景还依约记得。于是想到现在的我们、以后的我们。高中的时光已无情地把我们赶到了尽头。从同一个校园走出的我们,将走向不同的世界。大家都在为远方而努力,仿佛前方无限光明。

　　然而道路不同,风景殊异,困难难免。

　　一路风雨无常,或许以后还会有更大的挑战,或许那时能给我们支撑的,还是校园以及校园里的人们,最怀念的还是那几年的时光。因为那时的我们是那么勇敢。

　　幽雅的校园为我们的青春畅想作了引曲,为我们的理想挂上了桅帆,为我们的登峰奠定了基石。在这里,我们经过泪水与汗水的培壅,我们孜孜追求,我们永远难忘的是曾经的岁月。

　　聚散总有缘,最忆同学少年。这些最值得回首,却让我断然转过身来。因为我还要为当下最重要的时刻集中精力。那幅让人想永远驻足却无法凝视的画面,会让我们在美好中迷失。

　　我们终将散场。我想象分别会很从容:一张合影留念,见证了这三年。多年后,这照片翻出来是否依然光鲜,环境不过是校园的特有风情,

请勿在此
区域内作答

但身后的杨叶舞动和夏风浸染却能直映眼帘,永刻心间。

长沟流月去无声,永远怀念在初夏时节有特殊风情的校园。它听见了我们激扬的青春誓言,看到了我们在仲夏的林间静读的身影,也为我们一生中几个重要的春夏秋冬着了色彩。我们更是在那个校园的小路上踏遍了寸土,挥洒了汗水,望断了青春的归程。

怀念那些生命中永不褪色的记忆:一间酷暑天无法乘凉的教室,容得下杨树慵睡的池塘……每一段风声、鸟声、树叶沙沙声都曾见证过的时光。